AF561573

LETTRES ET NOTES

DE

NAPOLÉON BONAPARTE

À

CARNOT,

SON MINISTRE DE L'INTÉRIEUR

PENDANT

LES CENT JOURS.

Il faut que la ménagerie soit à nous. Je n'entends pas qu'on lui ouvre les portes, mais que les griffes passent un peu entre les barreaux, et que les rugissemens se fassent entendre à quelque distance.

LE Cte R......
Commissaire extraordinaire de Napoléon dans les cent jours.

BRUXELLES,

P. J. DE MAT, IMPRIMEUR DE L'ACADÉMIE ROYALE
ET DE L'UNIVERSITÉ DE LOUVAIN.

1819.

LETTRES ET NOTES

DE

NAPOLÉON BONAPARTE

A

CARNOT,

SON MINISTRE DE L'INTÉRIEUR

PENDANT LES CENT JOURS.

PREMIÈRE LETTRE.

M. le comte Carnot, j'ai nommé à la préfecture de Maine-et-Loire le sieur Galeazzini, qui était commissaire-général à l'île d'Elbe. Il est de la Corse; c'est un homme fin et très-capable de suivre les intrigues qui pourraient se tramer dans l'ouest. Il est à Paris, m'ayant accompagné depuis l'île d'Elbe. Voyez-le et recommandez-lui de surveiller de ce côté avec le zèle et l'intelligence que vous lui connaissez.

Il y a d'autres préfectures vacantes où l'on pourra nommer *Le Roy* (1). Je crois qu'on a

(1) Ex-tribun.

conservé *Vaublanc* (1); mais on dit qu'il s'est conduit tellement mal, qu'il n'est plus possible de le laisser. Metz, au surplus, est une trop grande préfecture pour *Le Roy* (2).

Paris, le 25 mars 1815.

IIe LETTRE.

M. le comte Carnot, je recevrai dimanche prochain l'université en même temps que l'institut. Je désire donc que l'université soit promptement organisée. Présentez-moi un projet de décret pour la rétablir telle qu'elle était organisée l'année dernière. Proposez-moi, en même temps, les personnes que je dois nommer pour cette réorganisation. Écartez en celles qui, telles que le sieur *Bonald* (3), ont énoncé des principes obscurs, propres à égarer l'opinion et à corrompre la jeunesse. Je désirerais que vous pussiez me remettre ce travail mercredi prochain.

Paris, le 26 mars 1815.

---

(1) Depuis ministre de l'intérieur, au retour de Louis XVIII, et aujourd'hui ministre d'état.

(2) On y nomma M. le baron de Ladoucette, ancien préfet à Gap et à Aix-la-Chapelle.

(3) Auteur de plusieurs ouvrages de philosophie et de politique, aujourd'hui membre de la chambre des députés.

IIIe LETTRE.

M. le comte Carnot, il y a beaucoup de préfets et de maires qui sont très-mauvais. Vous ne pouvez pas les déplacer d'ici aussi promptement que cela serait nécessaire. Je pense que vous devez adresser une circulaire à tous les préfets pour les autoriser à suspendre provisoirement les fonctionnaires qui ne doivent pas être conservés. Ils conféreront l'intérim des sous-préfectures à des citoyens du pays, et des mairies aux premiers adjoints. Les préfets vous rendront compte dans les 24 heures, afin qu'on puisse procéder au remplacement légal.

Paris, le 27 mars 1815.

IVe LETTRE.

M. le comte Carnot, je désire que vous me remettiez incessamment l'état de tous les employés des administrations sous vos ordres, qui ont été déplacés depuis un an; mon intention est de replacer ceux contre lesquels il n'y aurait pas de reproches fondés.

Paris, le 27 mars 1815.

Ve LETTRE.

M. le comte Carnot, ayant réuni les gardes nationales dans votre ministère, il est indispensable que vous formiez sur-le-champ un bureau dirigé par un officier supérieur pour prendre connaissance de tout ce qui a été fait relativement aux gardes nationales, et faire sans délai tous les changemens convenables dans les chefs. Mon intention est d'organiser la garde nationale dans toutes les parties de l'empire, sur-tout dans les bonnes provinces; en Dauphiné, en Franche-Comté, en Alsace, en Lorraine, dans les Vosges, dans la 3e et 4e division, dans la 2e, dans la Champagne, dans la Picardie et dans le département du Nord. Il faut qu'une partie soit armée et puisse servir et protéger le territoire; mais il faut la faire commander par des officiers réformés, ou par des personnes sur le patriotisme desquelles on n'ait aucun doute. Cette opération est si importante qu'aussitôt qu'il sera possible, je désire avoir votre rapport sur l'organisation de votre bureau des gardes nationales, qui sera chargé de tous les détails et des nominations à tous les emplois. Je pense qu'en attendant vous devez autoriser le comte d'Erlon (1), à opérer dans la 16e division tous les

(1) Le général Drouet.

changemens d'officiers qu'il croira utiles, et qui seraient urgents. Donnez la même autorisation au duc d'Albuferra (1) pour l'Alsace, au général Gérard pour les 3e et 4e divisions, au duc de Plaisance (2) pour la 2e, au prince d'Essling (3) pour la 8e division, au général La Salcette pour la 7e, au général Desaix pour la 19e, au général Lemarrois pour la 15e et la 14e, au général Caffarelli pour la 13e, au général Morand pour la 12e, au général Clausel pour les 11e et 21e, au général Pajol pour la 22e. Je n'ai pas encore de renseignemens clairs sur ce qui passe à Nîmes, c'est-à-dire, dans les 9e et 10e divisions; mais vous pouvez donner au général Laborde qui est là, l'autorisation nécessaire pour de semblables changemens. En leur donnant ce pouvoir, faites une circulaire pour leur faire connaître qu'on doit placer de préférence les officiers réformés, ou qui ont servi, et ôter tous ceux qui, par leurs intérêts ou leurs opinions, seraient contraires à la cause nationale. Cette opération est urgente et doit se faire sans délai. Pour que cette opération marche d'ensemble, il faut que toutes les autorités soient épurées; mais

(1) Le maréchal Suchet.

(2) Fils du prince Lebrun.

(3) Le maréchal Masséna.

ce travail serait trop long, s'il fallait attendre qu'il partît de Paris. Je pense qu'il faudrait par une circulaire autoriser les préfets à suspendre les sous-préfets, les maires et autres autorités qui ne seraient pas attachées au gouvernement impérial.

Mandez aussi aux préfets de vous faire connaître tous les déplacemens qui ont eu lieu dans les diverses administrations ou régies de leurs départemens, et sur-tout dans les eaux et forêts d'où l'on a ôté de bons citoyens pour placer des émigrés. Vous autoriserez, en conséquence, les préfets à se concerter avec le général commandant la division, pour rectifier les déplacemens qui auraient eu lieu dans les administrations de leurs départemens, en haine d'opinions politiques, etc. Ils pourront déplacer, à cet effet, ceux qui auraient été nommés depuis le 1er avril 1814, et rétablir ceux qui seraient dans le cas de reprendre leur place. Vous leur ferez connaître que cette latitude extraordinaire de pouvoirs que vous leur donnez, après avoir pris mes ordres, ne doit être que pour 15 jours, à dater de la réception de votre lettre. Faites part aux généraux commandant les divisions, de cette décision. Vous aurez soin, aussitôt que vous serez instruit des déplacemens, de m'en rendre compte sur-le-champ, pour que je confirme ou rapporte les mesures provisoires que les préfets auraient prises.

Paris, le 27 mars 1815.

VIe LETTRE.

M. le comte Carnot, j'ai rappelé l'ancien sous-préfet de Meaux. Chargez-le de vous proposer sur-le-champ une personne pour remplacer le maire de Meaux.

Paris, le 30 mars 1815.

VIIe LETTRE.

M. le comte Carnot, le général Morand a fait arrêter le sieur de Beville, sous-préfet d'Argentan, et l'a fait remplacer par l'ancien sous-préfet. Présentez-moi un projet de décret en conséquence.

Paris, le 30 mars 1815.

VIIIe LETTRE.

M. le comte Carnot, le prince de la Moskowa (1) a remplacé provisoirement le maire de Condé, qui n'avait pas la confiance de ses administrés. — Confirmez la destitution de ce maire, et faites-le remplacer légalement.

Paris, le 31 mars 1815.

---

(1) Le maréchal Ney.

IXe LETTRE.

M. le comte Carnot, je vous envoie une note des fonctionnaires du département de la Marne, qui devront être remplacés, si les renseignemens que cette note renferme, sont d'accord avec ceux que vous vous serez procurés.

Paris, le 1er avril 1815.

NOTE.

Fonctionnaires à remplacer dans le département de la Marne, si les renseignemens ci-après sont d'accord avec ceux recueillis par le ministre.

Le sous-préfet de Châlons, M. le Bouc de Ternas, auditeur au conseil d'état.

Le sous-préfet de Ste-Menehould, M. Chamisso ; on ne peut concevoir comment il se trouve encore en place.

Le sieur Burnet, adjoint au maire de Ste-Menehould.

Le sous-préfet de Vitry, M. de Coucy, a fait paraître en dernier lieu, une proclamation fort inconvenante.

Le maire de la ville, M. le Blanc, et le sieur Gelet, adjoint, ne peuvent conserver leurs fonctions.

Xe LETTRE.

M. le comte Carnot, mon intention est que les anciens ministres et autres individus marquants, qui ont été employés sous le gouvernement de Louis XVIII, ne puissent rester en France, et jouir de leurs biens, que lorsqu'ils auront, par une déclaration adressée au ministre dans les attributions duquel ils se trouvent, reconnu *l'empereur Napoléon* pour le souverain légitime de la France. Je désire donc que vous me présentiez, dès demain, une liste comprenant l'ancien ministère de l'intérieur, les préfets, les principaux employés de la maison du roi, tels que les ministres, etc., et tous les autres individus de votre ministère dont il est convenable d'exiger cette déclaration, qui devra être simple, claire et sans *si* ni *mais*. Ceux qui ne le feront pas, ne pourront rester en France, et le séquestre sera mis sur tous leurs biens. On devra néanmoins excepter de cette disposition les treize individus qui, par un décret de Lyon, ont été déclarés traîtres. — Paris, le 1er avril 1815.

XIe LETTRE.

M. le comte Carnot, il est important de remplacer sur-le-champ les membres du conseil municipal de Paris, qui ont été destitués, ou qui doivent en être éloignés. — Le conseil municipal de Lyon a été renommé dans ces derniers temps : il a peu la confiance de la ville. Présentez-m'en également une nouvelle organisation. Ce sont deux opérations importantes dans le moment actuel.

Paris, le 2 avril 1815.

XIIe LETTRE.

M. le comte Carnot, on a levé dans plusieurs départemens des volontaires royaux. Je désire que vous me présentiez un projet de décret pour qu'ils rendent leurs armes et leurs habillemens, le plus grand nombre de ces volontaires ayant été armés et habillés aux frais des départemens.

Paris, le 2 avril 1815.

XIIIe LETTRE.

M. le comte Carnot, les préfets et sous-préfets ne se rendent point dans leurs places. Donnez des ordres pour qu'ils partent dans les vingt-quatre heures.

Paris, le 3 avril 1815.

XIVe LETTRE.

M. le comte Carnot, le ministre de la police m'a communiqué une lettre du préfet de Lyon, qui indique la nécessité de faire des changemens dans la municipalité et dans l'état-major de la garde nationale de cette ville, si les insurgés approchaient davantage. Quoique je reçoive la nouvelle que la marche des troupes de Grenoble et de celles de Lyon les ait forcés de se retirer, il est cependant nécessaire d'y faire les changemens indiqués, afin que les autorités municipales et la garde nationale soient à la hauteur de l'opinion du peuple. Donnez-en l'ordre positif à Rœderer (1). Otez le maire, si cela est nécessaire. Malgré que le danger paraisse passé, comme, par la suite, d'autres circonstances pourraient se présenter, il faut que Lyon nous offre toute la force de sa population. Vous ordonnerez au préfet d'augmenter la garde nationale et de la porter au moins à 10,000 hommes. Recommandez-lui spécialement d'organiser la garde nationale du faubourg de la Guillotière et des autres

(1) Ex-sénateur et l'un des commissaires extraordinaires de Napoléon en 1815.

faubourgs. Qu'il organise aussi deux compagnies de canonniers. Il est convenable de tenir à la tête de cette garde nationale un général en activité. J'y ai envoyé le général Brayer; mais s'il me devenait nécessaire, je le remplacerais par un autre. La même opération doit être faite dans toutes les villes de la dix-neuvième division militaire. Écrivez dans ce sens à Thibaudeau (1), et à Marchant pour Dijon; qu'ils utilisent leurs missions en purgeant les municipalités et en organisant les gardes nationales sur le principe du dixième de la population.

Paris, le 6 avril 1815.

XVe LETTRE.

M. le comte Carnot, témoignez ma satisfaction à la ville de Caen pour la conduite qu'elle a tenue (2). — Paris, le 8 avril 1815.

XVIe LETTRE.

M. le comte Carnot, il paraît que le préfet qui a été nommé pour le département du Pas-de-Calais, vient de Pau. Ainsi il sera encore quelques jours sans y arriver. D'un au-

(1) Ex-préfet de Marseille, l'un des commissaires extraordinaires pendant les cent jours.

(2) D'après le *Moniteur*, M. le duc de la Force ayant débarqué dans cette ville, le peuple l'avait arrêté et on l'avait conduit à Paris.

tre côté, la 16e division militaire, c'est-à-dire, le Pas-de-Calais et le Nord ont été fortement travaillés. Je pense qu'il est nécessaire d'y envoyer un conseiller d'état qui se rendra à Arras, et parcourra le département du Pas-de-Calais. Il changera tous les sous-préfets, maires et employés de toutes les régies, qui ont été nommés par le roi, se sont mal comportés, et sur lesquels on ne peut pas compter. Il changera également tous les commandans et officiers de la garde nationale. De là il se rendra à Lille, où il fera la même opération; il sera tenu de parcourir ainsi tous les chefs-lieux de chaque sous-préfecture; enfin il sera autorisé à lancer des mandats d'arrêt, si cela devenait nécessaire, contre des hommes qui seraient dangereux. Chargez de cette mission le conseiller d'état Costaz.

Paris, le 8 avril 1815.

P. S. J'apprends, à mon lever, que c'est le baron Roujoux qui est nommé préfet du Pas-de-Calais; qu'il soit parti de Paris avant minuit, ce qui n'empêchera pas d'envoyer toujours le conseiller-d'état qui doit partir dans la nuit.

XVIIe LETTRE.

M. le comte Carnot, vous avez dû envoyer le baron Costaz dans la 16e division militaire. Tout porte à croire que les Bourbons et les ennemis voudraient s'en emparer en opérant un mouvement. Recommandez à Costaz de s'y porter sur-le-champ pour faire de bons choix et changer entièrement les mauvais. — Paris, le 9 avril 1815.

XVIIIe LETTRE.

M. le comte Carnot, destituez sur-le-champ le sieur Melorel de la Hechois, sous-préfet de Brest, ex-chouan, nommé par le roi. Envoyez-y un sous-préfet sur lequel on puisse compter, et qu'il s'y rende sur-le-champ.

Paris, le 9 avril 1815.

NOTE dictée par Napoléon et adressée à Carnot.

Adresser une circulaire aux préfets et sous-préfets, maires, pour qu'ils fassent connaître le décret du 28 mars, et qu'ils invitent les administrateurs à favoriser de tous leurs moyens l'appel des vieux soldats, en représentant les besoins de la patrie, en excitant les sentimens généreux dans cette foule de braves qui ont déjà combattu avec gloire. C'est à l'activité de l'administration à faire un appel individuel aux militaires, soit en congés limités, soit en congés absolus, soit même en retraite, et à les presser d'obéir à l'honneur. Si les soldats veulent retourner à leurs anciens drapeaux, le préfet les dirigera sur les dépôts de ces anciens régimens; s'ils veulent se réunir aux hommes du département qui fournit à tel corps, il faut les diriger sur le dépôt de ce corps.

On prescrira ensuite aux préfets de se faire envoyer par les sous-préfets l'état des hommes avec l'indication du dépôt où ils vont. Le préfet adressera sans délai cet état au ministre.

Adresser aux négocians une circulaire raisonnée pour leur faire sentir que, sans indépendance et sans une attitude forte, le commerce sera nul et les manufactures tomberont.

XIXe LETTRE.

M. le comte Carnot, il paraît que toute la Provence arborera aujourd'hui ou demain la cocarde tricolore; ainsi l'on peut regarder l'insurrection du Midi comme terminée. Envoyez un auditeur qui s'embarquera à Toulon pour la Corse, et portera des pouvoirs au préfet. Ordonnez la dissolution de la junte extraordinaire que j'avais organisée. Faites connaître par une proclamation, qu'ayant ordonné que toutes les troupes reviennent en France, je compte sur le patriotisme des habitans pour défendre la Corse. Donnez l'autorisation au général Delaunay et au préfet d'organiser les gardes nationales selon les habitudes et les coutumes du pays, de manière que dans chaque circonstance elles puissent se porter sur tous les points qui seraient menacés. Vous annoncerez que le duc de Padoue (1) va se rendre en Corse, chargé de pouvoirs extraordinaires. Faites-le venir pour lui faire part de mes intentions. il devra être prêt à partir dans trois ou quatre jours. Vous lui ferez ses instructions. Il organisera la garde nationale, et destituera tous les employés nommés par le roi, qu'il renverra sur-le-champ en France. Il formera un bataillon de 500 hommes, tous Corses, qui sera envoyé à Porto-Ferrajo pour la défense de l'île d'Elbe, sous les ordres du général Dalesme, gouverneur. Enfin je lui donne l'autorisation de distribuer 6 croix d'officiers de la légion d'honneur, et 30 croix de légion-

(1) Le général Arrighi, Corse et cousin de Napoléon.

naires, à ceux des habitans qui se seraient le plus distingués, lorsque le pavillon tricolore a été arboré. Il ne sera conservé dans les emplois que les Français que j'avais nommés avant le 1er avril 1814. Il pourra cependant laisser quelques-uns des habitans de la Corse, nommés par le roi. Il renverra en France tous les employés français qui se seront mal comportés.

Paris, le 10 avril 1815.

XXe LETTRE.

M. le comte Carnot, il est très-urgent d'ôter le maire d'Orléans et de le remplacer par un homme sûr. On annonce que le nouveau préfet n'est pas encore arrivé.

Paris, le 10 avril 1815.

XXIe LETTRE.

M. le comte Carnot, il paraît que le baron de Flavigny, préfet de la Haute-Saône, s'est vivement compromis. Il avait été nommé à la préfecture de la Méuse; il faut l'y remplacer le plutôt possible.

Paris, le 10 avril 1815.

NOTE dictée par Napoléon, dans la séance du conseil des ministres du 12 avril 1815.

L'empereur désire que le ministre de l'intérieur lui remette les états de compensations des bons de réquisitions, l'état du montant des contributions en principal, et des centimes extraordinaires, l'état des compensations effectuées, et ce qui reste à compenser. L'empereur désire aussi que le ministre lui rende compte de l'état des approvisionnemens de réserve de la ville de Paris, soit en bled, soit en farine, qui existent actuellement. L'empereur juge convenable que ces quantités soient constatées par des procès-verbaux qui seront dressés par un auditeur chargé de cette mission.

NOTE dictée par l'empereur au conseil des ministres, tenu le 12 avril 1815.

Le ministre de l'intérieur réunira le comte de *Sussy* (1), le comte *Chaptal* (2) et M. *Fer-*

(1) Collin, ex-conseiller d'état, directeur-général des douanes, ex-ministre du commerce et des manufactures.

(2) Ex-sénateur et ex-ministre de l'intérieur.

rier, directeur-général des douanes, pour examiner la question des entrepôts et des ports francs.

Il faudra d'abord bien établir les différences qui se trouvent entre les ports francs de Marseille et de Gênes et les entrepôts réels qui existent dans plusieurs de nos ports.

Ces différences bien constatées, on traitera la question de savoir s'il est convenable de convertir la plupart de nos entrepôts réels en ports francs, semblables à celui qui existait à Gênes.

Si cette question était décidée par l'affirmative, le port franc de Marseille, tel qu'il a été établi par l'ordonnance du roi, se trouverait détruit. Il serait constitué comme celui de Gênes; et nous aurions trois ou quatre ports francs en France.

Il convient de s'appliquer, dans l'organisation des ports francs, à simplifier les formalités, à éviter les lenteurs, afin que les versemens des caboteurs puissent se faire avec le plus de célérité et le moins de formalités possibles. Le but qu'il importe d'atteindre, est que toutes les espèces d'expéditions n'éprouvent pas plus de retard qu'elles n'en éprouvaient, soit sous le régime antérieur à la révolution, soit sous le régime de la dernière ordonnance du roi.

Si la discussion conduit à ce résultat qui est, en ce moment, considéré comme hypothétique, il faudra dans un rapport d'apparat, exposer les inconvéniens qui résulteraient du système ancien ou du système récent pour les fabriques de France, pour celles même de Marseille, et spécialement pour la ville qui placée, pour ainsi dire, hors de France, éprouverait des gênes sensibles dans son commerce avec l'intérieur. Le danger pour nos manufactures en général est d'une évidence palpable, puisqu'il résulte de l'impossibilité de repousser la contrebande des marchandises étrangères du même genre que les nôtres.

L'entrepôt réel dans le temps où il fut accordé à un grand nombre de ports de France, fut considéré comme un bienfait. Marseille n'en jugea pas ainsi, parce qu'elle compara les avantages de son entrepôt réel avec ceux du port franc de Gênes ; et il faut reconnaître aujourd'hui que le régime du port franc de Gênes est beaucoup plus favorable au commerce. Dans le port franc de Gênes les négocians avaient la faculté de manipuler à leur gré leurs marchandises ; dans l'entrepôt réel, on ne pouvait pas toucher à un ballot sans le concours des agens des douanes. Les douaniers n'entraient pas dans le port franc de Gênes ; ils surveillaient, ils agissaient à toute heure dans l'entrepôt de Marseille. Dans l'un ils ne gardaient que les portes extérieures : dans l'autre, ils exerçaient là les marchandises dans quelque lieu qu'elles fussent placées. Les différences sont essentielles.

On aura donc, en résultat, à examiner si le port franc, tel qu'il existait à Gênes, et qui semble devoir satisfaire tous les intérêts, répondra au voeu de la ville de Marseille. On pourrait établir des ports francs organisés de la même manière à Bayonne, à Bordeaux, à Nantes, à Dunkerque, etc.

XXIIe LETTRE.

M. le comte Carnot, je vois qu'on est embarrassé pour le choix d'un maire à Bordeaux; est-ce qu'on ne pourrait pas nommer le maître des requêtes Portal (1) ?

Paris, le 13 avril 1815.

XXIIIe LETTRE.

M. le comte Carnot, témoignez mon étonnement au préfet de Nantes, de ce que le maire, l'adjoint, un sieur Bois-Marin, garde du corps, et le receveur des contributions sont

---

(1) Aujourd'hui conseiller d'état.

encore en place, malgré que leurs mauvaises dispositions ne soient pas douteuses.

Paris, le 14 avril 1815.

XXIVe LETTRE.

M. le comte Carnot, je vous renvoie un rapport du ministre de la guerre, du 13. Je ne veux point de régiment provincial en Corse, mais quatre bataillons de chasseurs organisés comme l'infanterie légère. Le ministre de la guerre enverra des instructions pour leur habillement, pour cette année; et jusqu'à ce qu'on y ait envoyé des draps du continent, ils seront habillés avec des draps du pays. — Les officiers à demi-solde seront, la plupart, employés en France, dans le royaume de Naples, ou en Italie. — Il est sans exemple que j'aie autorisé un général à donner autant de décorations de la légion d'honneur qu'il le voudrait. Il est également inconvenant, quant à la comptabilité, qu'aucun individu ait le droit illimité de tirer sur le trésor national. — Recommandez au gouverneur d'agir avec modération; qu'il laisse marcher l'administration selon la forme accoutumée; qu'il ne fasse rien d'extraordinaire, à moins que ce ne soit indispensable; qu'il ne change même personne de place, que dans le cas où la sûreté du pays l'exigerait; qu'il ne change également rien au séjour actuel des autorités. Il est nécessaire qu'il corresponde fréquemment avec le général Dalesme, gouverneur de l'île d'Elbe, afin de se porter mutuellement les secours que les circonstances exigeraient.

Paris, le 14 avril 1815.

XXVe LETTRE.

M. le comte Carnot, je désire que vous me présentiez, dans la journée de dimanche, l'état de tous les présidens des derniers colléges électoraux de département, et un projet de décret pour en nommer de nouveaux, en changeant tous ceux qui seraient mauvais. Vous me remettrez le même travail pour les présidens des colléges d'arrondissement, et ensuite pour les présidens de canton.

Paris, le 14 avril 1815.

XXVIe LETTRE.

M. le comte Carnot, dans le travail d'aujourd'hui, j'ai ordonné que M. le baron de Lameth partît sans délai pour Toulouse. Il vient de me représenter que c'est lui qui, en 1790, a fait la motion pour la suppression des parlemens, et il désire, en conséquence, n'être pas envoyé dans une ville parlementaire; cette raison me paraît bonne. Je désire donc que vous renvoyiez, dès demain, le baron Lameth à Amiens où il a à s'occuper de l'organisation des gardes nationales. Le baron Himbert Flégny n'est pas assez fort pour Toulouse. Proposez-moi, sans délai, un mouvement dans les préfets pour remplir le poste de Toulouse, et pour placer le baron Himbert.

Paris, le 15 avril 1815.

XXVIIe LETTRE.

M. le comte Carnot, le sieur Rolland, qui était préfet à Nîmes, s'est très-mal comporté. Donnez-lui ordre de venir à Paris, avant de se rendre à la préfecture d'Eure-et-Loir, et faites faire une enquête sur sa conduite. Tout le monde dit que le préfet de Lyon (1) est très-faible pour cette place. On pourrait l'appeler à la préfecture d'Eure-et-Loir, à la place du sieur Rolland.

Paris, le 18 avril 1815.

---

(1) M. Fournier, membre de l'Académie des Sciences, qui avait accompagné Bonaparte en Égypte, et que ce dernier fit passer en 1815 de la préfecture de Grenoble à celle de Lyon.

XXVIIIe LETTRE.

M. le comte Carnot, la 8e division militaire est soumise. Les campagnes partagent les sentimens du reste de la France. Marseille et Avignon sont les deux seules villes où il y ait un mauvais esprit. Réitérez l'ordre à *Rœderer* de se rendre à Marseille, et à *Bourdon* de se rendre dans le Var. Recommandez-leur de remettre le parti patriote, de renvoyer les maires, les sous-préfets, les officiers de la *santé* de Marseille, les agens des ports, des finances et de toutes les parties de l'administration, qui ne se seraient point bien conduits. Qu'ils les remplacent par des hommes sur lesquels on puisse compter. Qu'ils réforment sur-le-champ la garde nationale de Marseille, celle de Toulon, celle de Grasse, celle d'Antibes et de tous ces départemens. Enfin qu'on ne néglige aucune mesure pour relever l'esprit du peuple et pour en confier la direction à des hommes sûrs. Concertez-vous avec le ministre de la guerre pour avoir un bon maréchal-de-camp, pour commander la garde nationale de Marseille, et un lieutenant-général pour organiser celle des Bouches-du-Rhône. Que ce soient des hommes dévoués et fermes. Les pouvoirs de *Rœderer* s'étendront dans le département de Vaucluse. Recommandez-lui de lancer des mandats d'arrêt contre les hommes qui lui paraîtraient dangereux et contre les boute-feux de la révolte. Sachez si les préfets de Vaucluse, des Bouches-du-Rhône et du Var sont partis. S'ils ne le sont pas, qu'ils partent dans la journée.

Paris, le 16 avril 1815.

XXIXe LETTRE.

M. le comte Carnot, je vous envoie une lettre qu'on m'a communiquée. Je suppose que le comte Rœderer, avant de se rendre à Marseille, aura proposé de bonnes autorités pour Lyon. Cette opération faite, il importe qu'il se rende à Marseille, et Bourdon à Draguignan.

Paris, le 16 avril 1815.

XXXe LETTRE.

M. le comte Carnot, je vous envoie une dépêche télégraphique. Cette exportation (1) inquiète tous les départemens de la frontière,

(1) Il s'agit de la sortie des grains.

qui voient avec peine des vivres passer à l'ennemi. Je pense qu'il serait convenable de suspendre toute exportation par la frontière de terre.

Paris, le 20 avril 1815.

NOTE dictée par Napoléon, relativement au projet de décret présenté par Cambacérès pour les mesures à prendre contre les généraux qui avaient suivi le roi.

Le décret proposé paraît bien conçu; il est inutile, puisqu'il n'ajoute rien à la législation existante. Il n'est en réalité qu'un ordre du ministre de la justice.

L'empereur juge convenable que les ministres de l'intérieur, des affaires étrangères, de la police, de la guerre et de la marine envoient au ministre de la justice la note des individus qui sont dans le cas d'être poursuivis, avec les rapports, pièces ou renseignemens qui autorisent cette disposition à leur égard. Ainsi le ministre de la guerre enverra les pièces relatives aux généraux de Bellune, Maison et Bordesoult; le ministre de l'intérieur celles qui concernent le sieur de Scey; et le ministre des affaires étrangères la déclaration faite par le sieur de Talleyrand, ministre en Suisse, de rester dans cette qualité au service de Louis XVIII.

Le ministre de la justice, en conséquence de ces communications, ordonnera aux procureurs-généraux de faire poursuivre.

Il est important de mettre en mouvement quelques affaires de ce genre, afin de fixer le vague qui existe encore dans les idées sur cette sorte de délit. On aura soin de faire faire mention dans les papiers publics, du commencement des procédures.

XXXIe LETTRE.

M. le comte Carnot, vous recevrez un décret par lequel j'ordonne la formation de deux régimens de lanciers de gardes nationales dans les départemens du Haut et Bas-Rhin. Écrivez à Metz, à Nancy, à Épinal, dans les 3e, 2e, 4e, 6e, 7e et 19e divisions, pour savoir s'il serait possible de former dans chacune un régiment de 600 lanciers. On réunirait plusieurs divisions militaires, s'il le fallait, pour former un régiment. Les hommes devraient s'équiper et se monter à leurs frais. Écrivez aussi dans l'Aisne, dans la Somme, dans le Nord, dans les départemens des 15e et 14e divisions. Si cette mesure pouvait se généraliser, elle nous offrirait de grands avantages, puisqu'elle fournirait une masse de cavalerie suffisante pour mettre les départemens à l'abri des troupes légères.

Paris, le 22 avril 1815.

XXXIIe LETTRE.

M. le comte Carnot, on me dit que le sieur Delamagdelaine, préfet de l'Orne, est bien intentionné, mais qu'il est faible et peu propre à maintenir l'ordre. Tâchez de prendre des renseignemens là-dessus.

Paris, le 22 avril 1815.

XXXIIIe LETTRE.

M. le comte Carnot, il serait convenable d'ordonner, dans chaque département, que l'on fabrique une certaine quantité de piques. Faites-en arrêter le modèle. Cela servirait à défaut de fusils et de faulx.

Paris, le 24 avril 1815.

XXXIVe LETTRE.

M. le comte Carnot, je désire que vous m'apportiez ce soir, avec votre opinion, la rédaction définitive d'un projet de décret qui contiendrait les dispositions suivantes :

« Tous les maires, adjoints et membres des « communes, cesseront leurs fonctions au « 1er mai.

« Les préfets présenteront sur-le-champ, en « remplacement, des maires, adjoints et con-« seillers de communes, qui aient la confiance « du peuple. Ces présentations seront faites « par les préfets à des commissaires extraor-« dinaires qui seront envoyés dans chaque « division militaire.

« Ces commissaires extraordinaires se pré-« senteront ensuite dans chaque chef-lieu de « département, et nommeront tous les maires, « adjoints et conseillers de commune, d'ar-« rondissement et de département. »

Il y a, je crois, 22 divisions militaires; déjà plusieurs commissaires extraordinaires s'y trouvent. Présentez-moi, pour compléter la liste de ces commissaires extraordinaires, des conseillers d'état, quelques anciens sénateurs, comme Pontécoulant, Boissy-d'Anglas, quelques membres de l'ancienne chambre, comme Bedoch. Par ce moyen chaque division aura un commissaire : il faut que ces commissaires puissent partir *demain*, car ce renouvellement de tous les maires est de la plus haute importance.

Dans un autre projet de décret, je désire que vous me proposiez les dispositions suivantes:

« Tous les officiers et commandans des gar-
« des nationales cesseront leurs fonctions au
« 1er mai.

« Les préfets présenteront sur-le-champ à
« nos commissaires extraordinaires les nomi-
« nations à faire en remplacement. »

Voyez s'il faudrait prendre la même mesure pour les juges de paix. Il peut y avoir des plaintes contre les juges de paix; mais je ne pense pas qu'en général cette classe soit dans le sens du parti royaliste.

Je crois qu'à la prompte exécution de ces mesures est attaché le salut public. Préparez-moi les instructions pour les commissaires.

Ils feront la même opération sur les sous-préfets. Vous me proposerez un 3e projet de décret, pour que les commissaires les renouvellent tous.

Mes commissaires ne s'arrêteront pas là. Ils feront une enquête sur les administrations et régies; sur les payeurs, percepteurs, officiers-forestiers, employés de l'enregistrement, enfin sur tous ceux qui occupent des places à ma nomination. Ils ôteront sur-le-champ tous ceux qui ont des dispositions opposées, et dont le salut public commande le remplacement. Les commissaires feront prêter serment aux nouvelles municipalités et aux nouveaux corps d'officiers des gardes nationales, et reviendront sur-le-champ à Paris où ils vous rapporteront toutes les nominations qu'ils auront faites. Vous ferez ensuite régulariser par ma signature tout ce qui en aura besoin.

Paris, le 20 avril 1815.

XXXVe LETTRE.

M. le comte Carnot, on m'assure que les chefs des lycées sont très-mauvais, et notamment ceux du lycée de Rouen. Faites-vous faire un rapport là-dessus.

Paris, le 24 avril 1815.

XXXVIe LETTRE.

M. le comte Carnot, écrivez une circulaire à mes commissaires extraordinaires pour leur dire que je suis instruit que, dans l'administration des vivres, il y a beaucoup d'hommes dans de mauvaises dispositions, et qui seraient capables de donner des renseignemens à l'ennemi sur nos mouvemens des troupes ; qu'aussitôt qu'ils en reconnaîtront dans ces mauvaises dispositions, ils sont autorisés à les suspendre et à les changer.

Paris, le 24 avril 1815.

XXXVIIe LETTRE.

M. le comte Carnot, donnez ordre qu'on ne laisse plus sortir personne de France sur toute la frontière du Nord, depuis Dunkerque jusqu'à Landau. Concertez-vous, à cet effet, avec le ministre de la guerre, de la police et des finances. Ce dernier donnera aux douanes les instructions convenables. Donnez ordre que tout individu de la maison du roi qui irait à Bruxelles, ou en reviendrait, soit arrêté; qu'on arrête de même sur la ligne des frontières, tout ce qui sera suspect; en général qu'on ne laisse passer personne, à moins qu'on ne soit porteur d'un passe-port du ministre des affaires étrangères.

Paris, le 27 avril 1815.

XXXVIIIe LETTRE.

M. le comte Carnot, je vous envoie des notes qui répondent au mémoire que vous m'avez remis. Communiquez ces réponses à l'auteur du mémoire, qui répliquera, s'il y a lieu (1).

Paris, le 27 avril 1815.

---

(1) L'éditeur ignore quel pouvait être l'objet de ce mémoire.

XXXIXe LETTRE.

M. le comte Carnot, on me dénonce le sieur Bottin, secrétaire-général de la préfecture du Nord, comme peu dévoué et cependant menant le préfet.

Changez de place le sieur Cordier, ingénieur des ponts et chaussées du département du Nord, et remplacez-le par un ingénieur sur les sentimens duquel je puisse compter.

Paris, le 30 avril 1815.

XL LETTRE.

M. le comte Carnot, présentez-moi un projet pour remplacer le sieur Jerphanion, préfet de la Haute-Marne. Son département est bon, mais il n'en est pas moins convenable d'y avoir un homme plus ferme. Je trouve sur la liste des candidats que vous m'avez remise, l'auditeur Fargues qui me paraîtrait convenir à cette place. Proposez-moi un projet de décret pour accorder une pension au sieur Jerphanion.

Paris, le 28 avril 1815.

XLIe LETTRE.

M. le comte Carnot, les bataillons de grenadiers et chasseurs de la garde nationale, aussitôt qu'ils seront formés, devraient s'habiller et s'armer, s'ils le peuvent, dans leur département; mais le défaut d'armes et d'habits ne doit pas les empêcher de se rendre dans les places fortes qui leur sont désignées; ils y seront successivement armés et habillés.

Paris, le 2 mai 1815.

XLIIe LETTRE.

M. le comte Carnot, vous m'avez présenté hier un travail sur la garde nationale de Paris. Ce travail est d'une grande importance. Je pense qu'il faut que les choix soient revus par une commission confidentielle, composée d'hommes de Paris qui soient chauds. On communiquera ensuite ce travail aux comtes Réal, Dubois et Regnaud de St-Jean d'Angély, qui connaissent Paris, et pourront donner des renseignemens utiles. De cette façon on pourra faire des choix qui mettront à même de s'assurer de l'opinion de cette grande cité.

Paris, le 2 mai 1815.

XLIIIe LETTRE.

M. le comte Carnot, il est urgent qu'il y ait un préfet actif dans le département de l'Isère. Les gardes nationales ne se forment pas, Ordonnez à Bourdon de rester à Grenoble. Le comte Rœderer pourrait être chargé de pouvoirs extraordinaires.

Paris, le 2 mai 1815.

XLIVe LETTRE.

M. le comte Carnot, on blâme tout ce que fait le baron d'Alphonse dans le département du Gard, et on pense qu'il faudrait charger un autre individu du travail. Donnez des instructions pour que le général Gilly, homme sage et connaissant ce département, soit chargé de cette organisation. Présentez-moi un projet de décret à ce sujet.

Paris, le 2 mai 1815.

XLVe LETTRE.

M. le comte Carnot, vous avez dans vos bureaux des hommes d'une malveillance marquée. Mon intention est que, demain mercredi, vous m'apportiez l'état des individus à renvoyer.

Paris, le 2 mai 1815.

XLVIe LETTRE.

M. le comte Carnot, on m'assure que M. Rouen-des-Mallets, préfet de Lot et Garonne, nommé le 6 avril, est encore aujourd'hui 5 mai à Paris, et que plusieurs fonctionnaires sont dans le même cas. S'il est vrai que ce préfet soit en retard à ce point, et qu'il ne soit point parti cette nuit, il faut le destituer.

Paris, le 5 mai 1815.

XLVIIe LETTRE.

M. le comte Carnot, j'ai signé le décret qui autorise un certain nombre de citoyens de la Corse à représenter ce département à l'assemblée du Champ de Mai. Il est inutile d'imprimer ce décret en France, mais il convient qu'il soit publié en Corse. Suivant la constitution, ce département doit avoir 6 députés à la chambre des représentans. Je désire que vous me présentiez un projet de décret pour ordonner la formation des colléges électoraux, dont la Corse a été privée jusqu'à ce jour. Comme il faudra quelque temps pour que cette mesure soit arrêtée, vous pourriez, dès à présent, annoncer au duc de Padoue, en lui envoyant le décret d'aujourd'hui, que vous lui en enverrez incessamment un autre pour la formation des colléges électoraux, et la nomination des députés.

Paris, le 5 mai 1815.

XLVIIIe LETTRE.

M. le comte Carnot, envoyez l'ordre au conseil de l'université de rétablir dans les lycées les réglemens qui avaient été supprimés; de substituer, en conséquence, les tambours à la cloche; de changer les proviseurs et les professeurs qui seraient mauvais; enfin de faire ces changemens par-tout où cela serait nécessaire, et sur-tout à Paris; je désire que pour Paris le rétablissement des réglemens soit ordonné dès demain.

Paris, le 8 mai 1815.

XLIXe LETTRE.

M. le comte Carnot, il paraît que le préfet de l'Aisne a reçu 200,000 francs pour l'habillement de ses gardes nationales. Ainsi il n'y a rien à lui donner. Pourquoi les autres préfets du Rhin, des Vosges, etc., n'en obtiendraient-ils pas autant?

Paris, le 9 mai 1815.

L[e] LETTRE.

M. le comte Carnot, on me dit beaucoup de mal du sous-préfet de St-Germain (1). On assure qu'il s'oppose au départ des militaires.

Paris, le 10 mai 1815.

LIe LETTRE.

M. le comte Carnot, présentez-moi un décret qui nomme Charles Lameth, conseiller d'état (2); Quinette, préfet de la Somme, et André Dumont, préfet du Pas-de-Calais; qui appelle Delaître à d'autres fonctions, et nomme Ramel à la préfecture de Seine-et-Oise. Roujoux ne connaît pas assez le Nord; il sera destiné à une autre préfecture. Les départemens de la Somme et du Pas-de-Calais ont besoin d'hommes qui connaissent parfaitement le Nord, et qui ne puissent pas être trompés. Girardin sera rappelé auprès du prince Joseph, comme premier écuyer; il faut quelqu'un de très-fort pour le remplacer à Rouen. Faites con-

(1) Il n'y avait point de sous-préfet à St-Germain; Napoléon veut sans doute parler du maire.

(2) C'est évidemment de M. le comte Alexandre de Lameth qu'il est ici question; il y a erreur de prénom.

naître au préfet du Calvados qu'on remarque qu'il ne marche pas; qu'il est trop homme de société; qu'on ne voit pas paraître d'adresse à son département; qu'il ne fait rien imprimer pour éclairer et remuer l'esprit public; que ce n'est pas ainsi qu'on sert la patrie. Écrivez aux préfets du Nord pour leur faire sentir la nécessité d'opposer des écrits aux écrits, et de faire bien connaître que la cause dont il s'agit aujourd'hui, est celle du peuple contre les nobles, des paysans contre les seigneurs et des Français contre l'étranger. Il faut par-tout faire un appel à l'honneur et au patriotisme du peuple. Le préfet de Chartres va mal. Roujoux serait beaucoup meilleur pour cette préfecture. Appelez celui qui y est à d'autres fonctions.

Paris, le 10 mai 1815.

LIIe LETTRE.

M. le comte Carnot, on ne croit pas que M. Saulnier fils, soit capable d'administrer un département comme Tarn-et-Garonne, où, indépendamment des animosités politiques, il y a des animosités religieuses. Il faudrait là un homme consommé.

Paris, le 11 mai 1815.

LIIIe LETTRE.

M. le comte Carnot, M. de Pontécoulant voit beaucoup un sieur de La Valette qui avait offert à Toulouse une somme considérable pour l'armée royale. On lui reproche aussi d'avoir fait venir à Toulouse l'ex-préfet Villeneuve, ce qui a permis à celui-ci de s'évader. Nous avons trouvé dans les papiers de Blacas des preuves que ce Villeneuve conspirait depuis long-temps. Écrivez à M. de Pontécoulant sur sa conduite, et faites-lui sentir la nécessité de donner une forte direction à l'opinion.

Paris, le 16 mai 1815.

LIVe LETTRE.

M. le comte Carnot, le commissaire extraordinaire Bedoch me fait de justes observations sur le département de la Marne qui a ordre de lever 14 bataillons de gardes nationales, et qui déjà en a fourni 10. Le département de la Marne est porté au tableau que le conseil d'état a placé à la suite du décret du 10 avril pour 42 bataillons, ce qui fait 48 compagnies de grenadiers et chasseurs, ou 14 bataillons d'élite. Mais le département de la Meuse n'est porté que pour 21 bataillons, ce qui fait 42 compagnies de grenadiers et chasseurs, ou 7 bataillons. Or, on ne conçoit pas comment la Meuse, qui a une population de 284,000 individus n'est portée que pour 21 bataillons, quand la Marne, qui a 311,000 individus, c'est-à-dire, 27,000 de plus seulement, est portée pour 42 bataillons. Il est indispensable que vous donniez sur-le-champ ordre au préfet de la Marne de ne pas aller au-delà du nombre de 10 bataillons d'élite qu'il a fournis, et que vous me proposiez de faire sur la Meuse et les Ardennes une augmentation équivalente à cette réduction. En général, il faudrait refaire la colonne du nombre des bataillons que doivent avoir les départemens. J'ai levé en France 3000 bataillons de gardes nationales, ce qui sur 26 millions d'habitans, fait 3 bataillons pour 26,000 habitans. Dans cette proportion le département de la Marne, ayant 300,000 habitans, n'aurait dû avoir que 36 bataillons au lieu de 42. Ces 36 bataillons n'auraient fait que 72 compagnies de chasseurs et de grenadiers, c'est-à-dire, 12 bataillons d'élite au lieu de 14. Le département des Ardennes, qui a une population de 275,000 individus aurait dû avoir 30 bataillons au lieu de 21, et dès lors 10 bataillons de grenadiers et chasseurs. On ne lui en a demandé que 7, il peut donc encore en fournir 2. Le département de la Meuse, ayant 284,000 habitans, aurait dû avoir 31 bataillons, ce qui fait 62 compagnies d'élite ou 10 bataillons à marcher. On ne lui en a demandé que 7; on peut donc encore lui en demander au moins 2. Ainsi la Meuse et les Ardennes peuvent fournir chacun 2 bataillons de plus en compensation de ce qui serait diminué sur le contingent de la Marne. Je vous prie donc de faire rectifier la colonne de ce tableau imprimé, indiquant le nombre des bataillons de gardes nationales que chaque département doit avoir, et de rectifier ensuite le nombre de bataillons d'élite à organiser, ce nombre ayant été réglé dans le 1er état qui lui sert de base. Le département de l'Aisne est également susceptible d'une rectification. Ce département qui a 432,000 habitans, n'est porté que pour 42 bataillons, comme la Marne qui n'a que 311,000 habitans. Il est évident que l'Aisne devait avoir 51 bataillons, au lieu de 42; et comme dans ce département je n'ai pris que les compagnies de grenadiers, cela devrait faire 51 compagnies ou 8 bataillons, au lieu de 7. Si j'avais demandé dans ce département les compagnies de chasseurs, cela aurait fait 16 bataillons d'élite. Je vous prie de faire suivre cet examen sur tous les autres départemens, et, pour tous ceux que cette rectification fera connaître en état de fournir un bataillon d'élite de plus, mon intention est de le demander. Vous remarquerez dans l'état imprimé qu'on a oublié le département des Pyrénées Orientales.

Paris, le 12 mai 1815.

LVe LETTRE.

M. le comte Carnot, je vous envoie une lettre du général G.... Il se plaint qu'on ait rétabli le sieur Bain, sous-préfet de Grasse, qui en effet est mauvais. On propose de le remplacer par M. Chobert.

Paris, le 17 mais 1815.

LVIe LETTRE.

M. le comte Carnot, qu'est-ce que c'est que la corporation religieuse de la Magdelaine existante à Bordeaux?

Paris, le 18 mai 1815.

LVIIe LETTRE.

M. le comte Carnot, le maire de Versailles est mauvais; le maire d'Orléans est mauvais. Il faut les changer et les remplacer par d'autres.

Paris, le 18 mai 1815.

LVIIIe LETTRE.

M. le comte Carnot, j'ai fait connaître au ministre de la police que je désirais qu'il ordonnât au rédacteur qu'il a attaché au *Journal général de France*, de prendre désormais vos ordres pour la rédaction de ce journal. Mon intention est que vous donniez à cette feuille une couleur prononcée, et qui réponde à la fureur des attaques des ennemis du gouvernement.

Paris, le 19 mai 1815.

LIXe LETTRE.

M. le comte Carnot, on désigne pour sous-préfet de Senlis un sieur Vatin, notaire. On pense que le maire de Chantilly est mauvais, parce que l'esprit du peuple n'est pas bon dans ce village.

Paris, le 20 mai 1815.

LXe LETTRE.

M. le comte Carnot, écrivez au duc de Padoue qu'il fasse connaître à la junte en Corse ma satisfaction de la conduite qu'elle a tenue, et que je désire qu'il me présente une demande de récompense pour les différens membres de la junte.

Paris, le 22 mai 1815.

LXIe LETTRE.

M. le comte Carnot, il y a un sieur Estabenet qui est chef d'une maison d'instruction à Bordeaux. C'est un royaliste forcené. Je pense qu'il faudrait supprimer cette maison. Il serait nécessaire de changer la supérieure et quelques sœurs de la charité de Bordeaux.

Paris, le 22 mai 1815.

LXIIe LETTRE.

M. le comte Carnot, la garde nationale de Lille n'est point encore organisée. Donnez l'ordre au général La Poype de l'organiser et d'y mettre des hommes du peuple. Si cette organisation souffrait des difficultés, dites-lui de former du peuple de Lille plusieurs corps ou bataillons de tirailleurs.

Paris, le 22 mai 1815.

LXIIIe LETTRE.

M. le comte Carnot, il faut destituer Gros Sollici, conseiller de préfecture à Marseille; c'est un ami d'Albertas; Jean Bérard, avoué, capitaine de la garde nationale; Honoré Sortout, capitaine; Jean-François-Hyppolite Dumas, lieutenant; Payen fils, capitaine des canonniers de la garde nationale; Louis Victor, lieutenant; Barthélemy, notaire, sergent; Belcastel, peintre, sergent. Tous ces hommes sont des royalistes très-dangereux qui cherchent à exciter la guerre civile.

Paris, le 22 mai 1815.

LXIVe LETTRE.

M. le comte Carnot, je vous envoie une réponse du général Drouot et des officiers d'artillerie au mémoire que vous m'avez communiqué. Au fait, si l'auteur pouvait se charger, à un prix convenu et sans débaucher les ouvriers de nos ateliers, de monter trois cents fusils par jour, moyennant qu'on lui fournirait les bayonnettes, baguettes, canons, platines et les bois bruts, ce serait un service qu'il rendrait. Alors opérant pour son compte, et responsable des armes, il pourrait mettre en pratique la forme d'administration qu'il propose. Nous avons des pièces de rechange pour monter 150,000 fusils; nous avons, en outre, 150,000 fusils à réparer et mettre en état, voilà donc de quoi faire 300,000 fusils. Jusqu'à présent nous n'avons pu réparer que 600 fusils par jour, et n'en monter que 300. Il faudrait donc une année pour monter nos pièces de rechange, et 6 mois pour réparer nos 150,000 fusils. Si l'auteur du mémoire pouvait se charger de nous monter 60,000 armes à raison de 3 à 400 par jour, nous aurions nos 300,000 fusils en moins de six mois. Les platines existent. L'artillerie s'occupe actuellement d'une machine qui fournira mille platines par jour. Les ateliers pourront diriger leurs efforts sur d'autres pièces. Les canons en profiteront. Ce qui importe actuellement, c'est d'avoir nos 300,000 armes disponibles dans le plus court délai. Pourquoi l'auteur n'entreprendrait-il pas un marché, puisqu'il connaît la matière, et qu'il peut disposer de beaucoup d'ouvriers à Paris?

Paris, le 22 mai 1815.

LXVe LETTRE.

M. le comte Carnot, il est d'usage de faire, à l'ouverture des chambres, un exposé de la situation de la France. Je crois qu'il est nécessaire que vous vous en occupiez.

Paris, le 20 mai 1815.

LXVIe LETTRE.

M. le comte Carnot, on me remet l'imprimé ci-joint, que le préfet des Ardennes adressait, il y a un an, à ses administrés de l'Aveyron. Si cet imprimé est vraiment de lui, vous verrez qu'il est impossible d'avoir confiance dans la franchise du zèle de cet administrateur, et qu'il est urgent de le remplacer.

Paris, le 20 mai 1815.

LXVIIe LETTRE.

M. le comte Carnot, je vous envoie une dénonciation contre le secrétaire-général du département de la Nièvre. On accuse aussi le préfet d'être faible, et je suis porté à le croire. Dans son administration de l'Yonne, je l'ai toujours connu très-faible, et c'est ce qui m'avait porté à le changer. Je pense qu'il serait très-avantageux qu'Adet pût aller là.

Paris, le 24 mai 1815.

LXVIIIe LETTRE.

M. le comte Carnot, je suis dans l'intention de composer la chambre des pairs, et d'en nommer d'abord 80 membres; désirant m'aider des lumières des personnes qui ont ma confiance, je vous invite à me remettre dimanche une liste de 120 personnes que vous choisirez comme si vous étiez chargé de cette nomination. S'il en est parmi elles que je ne connaisse pas, vous voudrez bien joindre des notes à leurs noms. Ce travail restera secret entre vous et moi : je n'ai pas besoin de vous dire qu'il est inutile qu'on sache que je vous l'ai demandé. J'ai adressé une lettre semblable à tous nos ministres et à d'autres personnes, dans l'opinion et dans les sentimens desquelles je me confie.

Paris, le 19 mai 1815.

LXIXe LETTRE.

M. le comte Carnot, il faudrait changer ceux des maires et adjoints de Paris qui sont mauvais.

Paris, le 24 mai 1815.

LXXe LETTRE.

M. le comte Carnot, écrivez au général Lamarque, commandant en chef l'armée de la Loire, que je lui confie le pouvoir de destituer les sous-préfets, les maires, commandans et officiers de la garde nationale, receveurs d'arrondissement, directeurs de contributions, agens de l'enregistrement, officiers-forestiers, et généralement tous les employés d'administration dont il aurait à se plaindre; que je n'en excepte que les préfets, lieutenans-généraux de police, payeurs de division et receveurs de département; que s'il avait des sujets de mécontentement contre ceux-ci, il ait soin de vous en informer par courrier extraordinaire; vous m'en rendrez compte sur-le-champ, pour que j'avise aux destitutions et remplacemens nécessaires; mais que pour tous autres, il peut les destituer et les remplacer par des hommes sûrs.

Paris, le 27 mai 1815.

LXXIe LETTRE.

M. le comte Carnot, le remplacement du sous-préfet de Vouziers dans le département des Ardennes paraît indispensable.

Paris, le 27 mai 1815.

LXXIIe LETTRE.

M. le comte Carnot, je ne pense pas qu'il faille habiller les fédérés des faubourgs. Cela nous conduirait à des dépenses énormes et sans but d'utilité; je ne pense pas non plus qu'il faille leur donner des fusils, puisque je vois que les gardes nationales d'élite dans les places n'en ont pas; que la guerre peut être déclarée, les places investies, et que les garnisons ne sont qu'à moitié armées.

Paris, le 29 mai 1815.

P. S. Il faut mettre tous nos moyens à habiller tous nos bataillons de garde nationale d'élite.

LXXIIIe LETTRE.

M. le comte Carnot, je vous envoie un état des places vacantes dans les bataillons des gardes nationales de l'Aisne en garnison à Lille, et des personnes présentées pour les occuper. Autorisez le comte d'Erlon à pourvoir à ces vacances sur-le-champ.

Paris, le 30 mai 1815.

LXXIVe LETTRE.

M. le comte Carnot, je vous envoie un rapport que le duc de Padoue m'adresse directement. Vous devez lui mander que je ne puis comprendre comment les dépenses de la Corse doivent monter à 400,000 f. par mois, aujourd'hui qu'il n'y a plus de troupes de ligne en Corse, et que les dépenses de la guerre se réduisent à la gendarmerie et aux bataillons du pays qu'il levera, mais qui ne sont pas encore levés; qu'il faut faire un budget et avoir pour règle de diminuer la dépense en renvoyant sur le continent tous les officiers d'état-major et autres qui seraient inutiles; qu'il doit aussi réduire la gendarmerie à ce qu'elle a toujours été, en renvoyant en France la plus grande partie de ce qui s'y trouve de natifs du continent; que je crois qu'on en a envoyé beaucoup de France dont on se méfiait alors; que je désirerais qu'il en formât des compagnies de cent hommes qu'on dirigerait sur Marseille où ces mêmes hommes seront utiles; qu'il peut ainsi diminuer de beaucoup ses dépenses; qu'il doit bien penser que, dans la situation actuelle des affaires de l'empire, le service de la Corse devra se suffire à lui-même; qu'il doit régler les dépenses sur ce principe.

Paris, le 3 juin 1815.

LXXVe LETTRE.

M. le comte Carnot, je désire que la sous-préfecture de Senlis soit donnée au sieur Vatin, notaire, et que le sieur Stévenoth soit placé dans une autre sous-préfecture. Présentez-moi les décrets qui arrêteront ces nominations.

Paris, le 2 juin 1815.

LXXVIe LETTRE.

M. le comte Carnot, le préfet du Rhône est-il parti cette nuit? S'il n'est pas parti, faites-le partir dans la journée. En général, les préfets, dès qu'ils sont nommés, ne doivent pas rester plus de 24 heures à Paris. Tenez la main à ce qu'ils partent aussitôt, pour qu'ils se rendent à leur poste. Donnez des ordres à Lyon pour que la garde nationale porte l'uniforme national sans variations.

Paris, le 4 juin 1815.

LXXVIIe LETTRE.

M. le comte Carnot, le sieur Camusat de Roni, conseiller de préfecture à Beauvais, est d'un mauvais esprit. On désire son remplacement.

Paris, le 3 juin 1815.

LXXVIIIe LETTRE.

M. le comte Carnot, témoignez mon mécontentement au préfet de Laval. Il n'a rien fait dans ces circonstances pour se mettre en défense. C'est le peuple qui a été obligé de tout faire, et qui a même été sur le point de tout abandonner, si on ne l'avait retenu. Il paraît que le maréchal de camp qui est à Laval, est faible.

Paris, le 8 juin 1815.

LXXIXe LETTRE.

M. le comte Carnot, les préfets ne doivent jamais se laisser enfermer dans les places, excepté dans celles de Lille, Strasbourg, Metz et Besançon, qui sont tellement importantes que je désire qu'ils y restent. Les sous-préfets qui ont leur domicile dans des places fortes dont la population est de plus de 8,000 ames, peuvent y rester.

Paris, le 11 juin 1815.

www.ingramcontent.com/pod-product-compliance
Lightning Source LLC
LaVergne TN
LVHW010044230826
846091LV00005B/1864

* 9 7 8 2 0 1 1 7 6 2 1 0 8 *